AF260297

NOTICE BIOGRAPHIQUE

DE

MADAME ADÉLAÏDE.

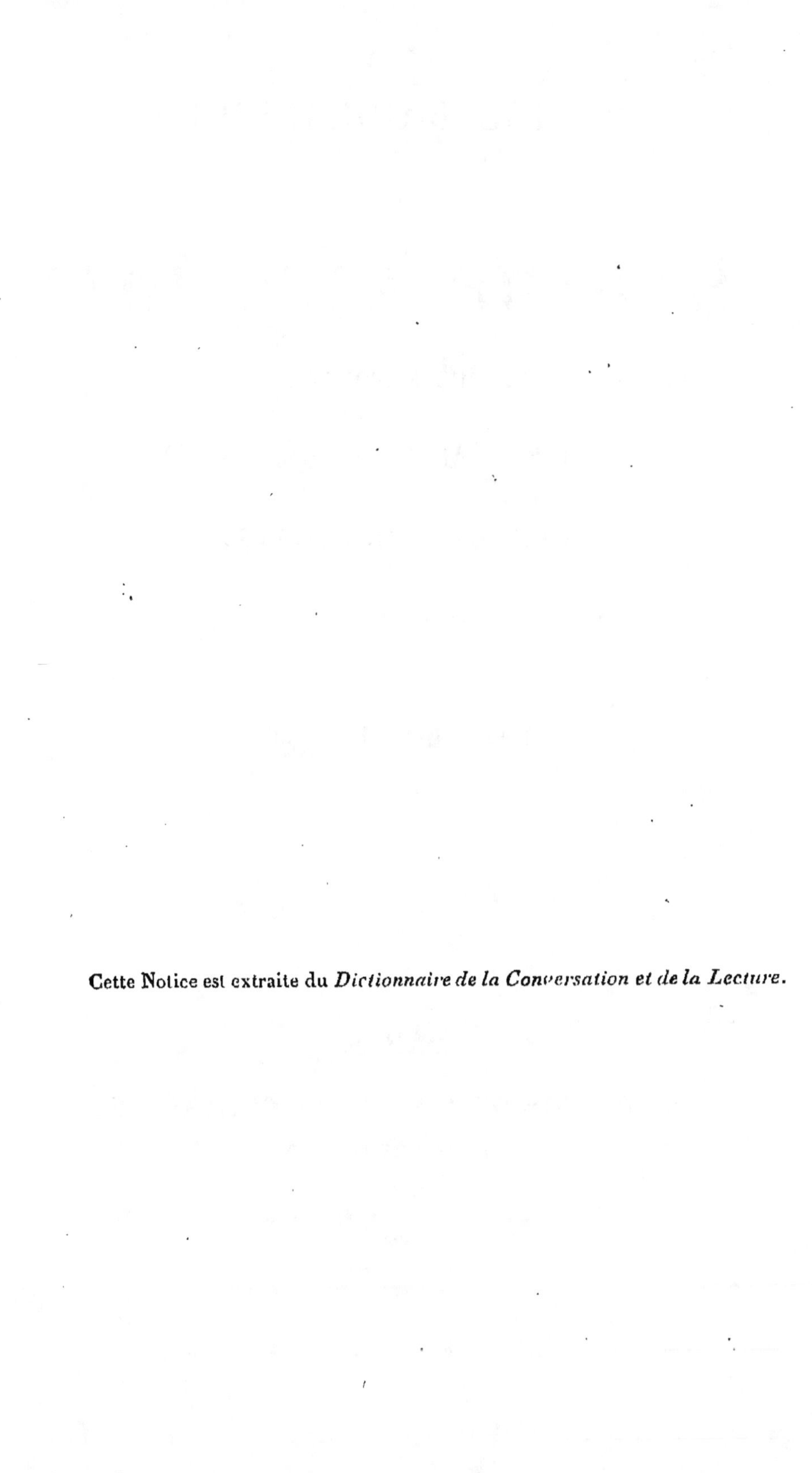

Cette Notice est extraite du *Dictionnaire de la Conversation et de la Lecture.*

NOTICE BIOGRAPHIQUE

DE

MADAME ADÉLAÏDE,

PRINCESSE D'ORLÉANS,

SŒUR DE S. M. LOUIS PHILIPPE,

ROI DES FRANÇAIS,

NÉE A PARIS LE 23 AOUT 1777;

PAR LÉON PILLET.

PARIS.

IMPRIMERIE DE PLASSAN ET COMPAGNIE,
RUE DE VAUGIRARD, N° 15.

1832.

NOTICE BIOGRAPHIQUE

DE

MADAME ADÉLAÏDE,

PRINCESSE D'ORLÉANS.

—

Eugène-Louise-Adélaïde d'Orléans naquit à Paris le 23 août 1777, de Louis-Philippe-Joseph, duc d'Orléans, alors duc de Chartres, et de Louise-Marie-Adélaïde de Bourbon-Penthièvre.

Plusieurs biographes donnent à cette princesse le prénom d'Eugénie, au lieu de celui d'Eugène, croyant sans doute rectifier ainsi une faute d'impression dans les biographies qui ont précédé la leur. C'est au contraire une erreur qu'ils commettent eux-mêmes.

A l'abbaye de Montmartre, où mademoiselle de Penthièvre fut élevée, elle s'était liée de l'amitié la plus intime avec mademoiselle Eugène de Montigny. En 1768, les deux jeunes amies apprirent presqu'en même temps qu'elles allaient épouser, l'une M. le duc de Chartres, et l'autre M. le baron de Talleyrand. Elles se promirent mutuellement, en souvenir d'amitié, de donner leur prénom à leur première fille. Quelques années après, la duchesse de Chartres tint sa parole. Quant à madame de Talleyrand, j'ignore si elle put remplir la sienne. Mais, en 1777, elle n'avait encore que des fils.

Mademoiselle Adélaïde était jumelle d'une autre sœur, son aînée d'une demi-heure, et qui reçut en naissant le nom de mademoiselle d'Orléans ; mademoiselle Adélaïde reçut celui de mademoiselle de Chartres : le 1er février 1782, mademoiselle d'Orléans mourut d'un refroidissement à la suite d'une rougeole. Ce fut alors que mademoiselle de Chartres prit le nom d'Orléans. A cette époque, elle n'avait encore que cinq ans, et cependant elle sentait déjà si vivement, que « rien, dit madame de Genlis, ne peut exprimer » la douleur qu'elle éprouva, pendant plus de » deux ans, de la mort de sa sœur. Jamais douleur d'un âge raisonnable n'a été plus vive et

» plus délicate ; mademoiselle d'Orléans annon-
» çait dès lors l'âme sensible et bonne qu'on lui
» a connue depuis ! » L'usage à la cour était de
ne donner aux princesses du sang, dans leur
enfance, qu'une sous-gouvernante. Madame de
Genlis, alors madame de Sillery, à qui était
réservé l'honneur de faire l'éducation de mademoiselle d'Orléans, ne crut pas devoir perdre
ce temps si précieux des premières années. Elle
ne voulait pas, d'ailleurs, instruire les jeunes
princesses au milieu des distractions inévitables
du Palais-Royal, et elle obtint de ne les y laisser
que le temps nécessaire à la construction du pavillon de Belle-Chasse, que le duc de Chartres
fit bâtir pour ses enfants. Ce fut là qu'elle fit l'é-
ducation de mademoiselle Adélaïde et des trois
princes, qu'on ne tarda pas à lui confier *.

---

* Une des prétentions de madame de Genlis, celle qui perce
le plus souvent dans ses Mémoires, est d'avoir fait gratuitement ces
quatre éducations, et, en outre, d'avoir dépensé des sommes énor-
mes pour l'entretien de mademoiselle d'Orléans pendant son exil.
De la part d'une personne aussi bien connue que madame de Genlis, cette prétention est évidemment trop étrange pour mériter d'ê-
tre réfutée sérieusement. Certes, si madame de Genlis avait pris la
peine de donner l'état au vrai de ce qu'elle a dépensé pour la fa-

Pour avoir une idée juste de ces éducations, il faut, comme le dit madame de Genlis elle-même, lire le journal qu'elle publia en 1791, sous le titre de *Leçons d'une Gouvernante*. A travers l'afféterie et le pédantisme qui percent dans ces leçons comme dans tous ses écrits, il est cependant aisé de voir combien elle a pu contribuer à développer dans le cœur de princes si heureusement nés les qualités précieuses qu'ils avaient reçues de la nature. Pour ne m'occuper ici que de mademoiselle d'Orléans, voici le

mille d'Orléans et de ce qu'elle en a reçu *avant*, *pendant* et *après* la révolution, la balance ne resterait pas long-temps indécise. Quant à son grand argument : *Je n'avais pas d'appointements*, cela pouvait être, sans que l'habile institutrice y perdît. Les services gratuits sont presque toujours ceux qui coûtent le plus cher aux princes, et il en était alors de l'honorable gouvernante comme du père du bourgeois gentilhomme, qui voulait bien, parce qu'il se connaissait en étoffes, en céder de temps en temps à ses nombreux amis, qui de leur côté lui donnaient quelquefois de l'argent.

Au surplus, cette remarque que je fais en passant n'est que dans l'intérêt de la vérité historique, et non pour diminuer le mérite de madame de Genlis : lui eussent-elles été payées dix fois davantage, ces éducations ne l'auraient jamais été trop ; il lui faut même pardonner de s'en glorifier outre mesure, car c'est sans contredit le meilleur de ses ouvrages.

portrait qu'en trace madame de Genlis dans ses Mémoires : .

« Quand mademoiselle d'Orléans eut atteint
» l'âge de sept ans, nous eûmes de la musique
» et des spectateurs tous les samedis. A cet âge,
» mademoiselle d'Orléans, que j'avais commen-
» cée sur la harpe à cinq ans, jouait d'une ma-
» nière véritablement surprenante. . . . . .

. . . .

ι Je puis dire avec vérité que je n'ai jamais con-
» nu un seul défaut à mademoiselle d'Orléans.
» Elle avait naturellement une vive piété et toutes
» les vertus. Elle faisait des fautes, mais, je le
» répète, elle n'avait pas un seul défaut, c'est-à-
» dire un mauvais penchant, ou une mauvaise
» qualité dominante. Je n'ai aucun intérêt d'a-
» mour-propre à convenir de cette vérité, puis-
» que j'aurais beaucoup plus de mérite à l'avoir
» bien élevée, si la nature ne lui avait pas donné
» un caractère aussi parfait. Elle avait de l'esprit,
» et cet esprit ressemblait beaucoup à celui de
» son père ; il a particulièrement de la finesse et
» de l'à-propos, ce qui, réuni à la sagesse, à la
» raison et à la bonté, forme une personne aussi

» aimable à rencontrer, qu'elle est attachante
» dans le commerce intime de la vie. »

Aux leçons ordinaires du pavillon de Belle-
Chasse, madame de Genlis voulut joindre celle
des voyages : dès que ses élèves furent en état
de s'y livrer avec fruit, elle parcourut avec eux
une partie de la France, faisant visiter à mademoiselle d'Orléans tous les établissements re-
marquables de science et d'industrie, pénétrant
avec elle jusque dans les couvents des trappistes,
en vertu d'un singulier privilége de naissance,
qui permettait alors aux princesses du sang d'entrer même dans l'intérieur des couvents d'hom-
mes. Puis elle la ramena au pavillon de Belle-
Chasse, digne d'être citée, à la ville comme à la
cour, pour un modèle de talents et de vertus.
Peu de temps après fut projeté pour mademoiselle d'Orléans un mariage qui, s'il s'était ac-
compli, aurait exercé sans doute une incalcu-
lable influence sur de grands événements d'une
date récente!... Ce mariage, qui était déjà ar-
rêté, et dont on parla même alors publique-
ment, devait unir la princesse au duc d'Angou-
lême ; les paroles étaient données de part et

d'autre ; on attendait, pour le conclure, que le jeune prince eût atteint l'âge fixé par la loi ; il ne lui manquait que trois mois ; mais en temps de révolution, que de projets se forment et se détruisent en moins de jours !... Si ce mariage se fût conclu, qui peut savoir aujourd'hui l'influence qu'auraient exercée sur la branche aînée des Bourbons les conseils d'une dauphine aussi éclairée ! Quelle vaste carrière pour les amateurs de conjectures !... En 1791, on pense bien que tout était rompu. Une brouille sérieuse, que madame de Genlis attribue à la différence d'opinions politiques, et que la duchesse d'Orléans expliquait, de son côté, par d'honorables scrupules d'amour maternel, avait éclaté entre cette princesse et la gouvernante de ses enfants. Madame d'Orléans croyait remarquer dans madame de Genlis le dessein de lui ravir la confiance de ses enfants, afin de leur inculquer plus aisément des principes qui ne concordaient pas toujours avec ceux de leur mère. L'éloignement de madame de Genlis s'en était suivi. On conçoit tout ce que dut avoir de pénible, dans de pareilles circonstances, l'épreuve à laquelle se trouvait

alors soumise l'exquise sensibilité de mademoiselle d'Orléans. Cette secousse s'étant jointe à
quelques indispositions que l'âge de la jeune
princesse rendait dignes d'attention, les méde-
cins lui ordonnèrent les eaux de Bath. Madame
de Genlis, rappelée par le duc d'Orléans, fut
chargée de lui faire faire ce second voyage; la
princesse et sa gouvernante furent accompagnées
jusqu'à Londres par Pétion, qui n'était pas encore maire de Paris. Ici commence pour mademoiselle Adélaïde une longue série de malheurs
et de vicissitudes qui lui firent, comme à son
frère aujourd'hui sur le trône, payer bien cher
les trésors de l'expérience! En 1792, le duc d'Orléans envoie à madame de Genlis l'ordre de lui
ramener sa fille sur-le-champ. Madame de Genlis résiste, peu désireuse, dit-elle, de la ramener,
si faible encore, dans un pays où se préparent
de si terribles événements. Le duc d'Orléans in-
siste, envoie à madame de Genlis M. Maret (de-
venu depuis duc de Bassano). M. Maret triom-
phe, non sans beaucoup de peine, de la résolu-
tion de madame de Genlis; mais, tout en consentant à faire ce qu'on lui ordonne, madame

de Genlis veut remettre elle-même au duc d'Orléans le précieux dépôt qu'il lui a confié ; quelques jours encore s'écoulent en préparatifs de
voyage ; enfin on part le 20 octobre 1792 !... Il
est trop tard : aux termes de la loi sur l'émigration, mademoiselle d'Orléans, qui venait d'atteindre sa quinzième année, est déclarée émigrée
et ne peut rester en France. Son père l'envoie à
Tournai pour satisfaire à la loi. Je n'entrepren-
drai point de relater ici les événements qui se
pressèrent depuis le départ de Mademoiselle,
jusqu'au jour où son frère aîné, le duc de Chartres, craignant de la laisser en pays étranger,
exposée sans défense aux fureurs des partis, la
ramena avec lui de Tournai à Saint-Amand, au
milieu de sa division. Mais bientôt, frappé lui-
même d'un décret d'arrestation, il n'eut que le
temps de la faire conduire avec madame de Genlis aux avant-postes de l'armée autrichienne, lui
donnant rendez-vous en Suisse, où il devait bientôt la rejoindre. Ce trajet ne fut pas sans danger
pour la princesse ; elle était accompagnée de madame de Genlis, de sa nièce, et de M. de Mont-
joie. Madame de Genlis se faisait passer pour

une dame irlandaise, nommée madame de Ver-
nezay, voyageant avec ses nièces. A Mons, mademoiselle d'Orléans tomba malade ; elle eut la
rougeole dans une mauvaise auberge, où elle
passa une dixaine de jours sans femme de chambre, et presque sans médecin. Dénoncée aux
Autrichiens par le prince de Lambesc, qui avait
reconnu dans la rue madame de Genlis, la princesse fut traitée avec plus d'égards qu'elle ne
l'espérait par le baron de Mack, qui facilita son
départ. Enfin, après sept jours de marche pé-
rilleuse au milieu des camps, elle arriva le 26
mai 1792 à Schaffouse, où elle fut rejointe par
le duc de Chartres. A Zug, où elle s'était rendue
quelques jours après, la princesse, qui s'était
déjà vue plus d'une fois en butte aux persécu-
tions et aux menaces des émigrés, manqua d'être
la victime d'un assassinat. Un soir, pendant
qu'elle causait avec madame de Genlis dans sa
chambre, une énorme pierre lui fut lancée à travers la fenêtre. L'assassin avait si bien adressé
son coup, qu'il eût infailliblement tué mademoiselle d'Orléans, sans une erreur qui lui fit pren-
dre pour la tête de la princesse un chapeau de

paille qu'elle venait de poser sur les pommettes de sa chaise. Le chapeau fut renversé; la pierre était lancée avec tant de vigueur qu'elle alla briser un poêle à l'autre extrémité du salon. Réveillé par le bruit et par celui de plusieurs autres pierres qui cassèrent en un instant toutes les vitres du salon, le duc de Chartres sauta à bas de son lit, prit un bâton (qui, dit madame de Genlis, était une fort bonne arme dans sa main), et s'élança avec un domestique à la poursuite des brigands; mais ce fut vainement, ils ne purent les atteindre. Cependant le duc de Chartres, voyant bien qu'il ne pourrait s'établir en Suisse sans danger, prit le parti de voyager à pied sous un nom supposé; mais, avant de commencer cette nouvelle Odyssée, il voulut assurer une retraite convenable à sa sœur, en la faisant entrer au couvent de Sainte-Claire. Secondé dans ce projet par M. de Montesquiou, qui, depuis sa proscription, vivait retiré à Bremgarten, il parvint à lui ouvrir cet asile, où elle fut reçue sous le nom de mademoiselle Stuart. Madame de Genlis y prit celui de madame Lenox. Dans cette retraite, où elle passa une année entière,

mademoiselle d'Orléans se fit constamment admirer du petit nombre de personnes qui savaient son secret, par une fermeté et une résignation inébranlables. « Naturellement d'une excessive
» gaîté, dit madame de Genlis, elle avait absolu-
» ment perdu cet heureux don de la nature ; mais
» son caractère avait changé sans s'aigrir ; sa
» mélancolie était si douce, qu'elle ressemblait
» moins à de la tristesse qu'au développement
» d'une extrême sensibilité. Je puis dire, sans
» exagération, qu'il n'est jamais échappé de sa
» bouche une plainte, un murmure !.. Jamais elle
» n'a regretté la fortune ni le luxe qui l'environ-
» naient, ni paru surprise du changement qui se
» trouvait dans tous les détails physiques de sa
» situation. On aurait cru, à la voir, qu'elle n'a-
» vait jamais habité que sa petite cellule... J'a-
» jouterai que, sans la religion, mademoiselle d'Or-
» léans n'eût jamais supporté ses maux... Sa dou-
» ceur est inaltérable, mais son âme sensible a
» beaucoup d'énergie. Elle m'a dit cent fois qu'il
» lui était impossible de concevoir comment les
» gens bien malheureux et sans religion ne s'em-
» poisonnent pas !... »

réunie à la France), en lui disant que je n'avais personne pour m'y mener, qui que ce soit ne voulant me suivre, dans la crainte de l'émigration, pas même une femme de chambre. Mon père ajouta qu'il ne demandait à madame de Genlis que de me conduire à Tournai, d'y rester avec moi trois semaines ou un mois, parce que dans cet intervalle il ferait chercher à Bruxelles, par la famille de M. Valkiers, une personne qui viendrait à Tournai la remplacer. Madame de Genlis, à ces conditions, consentit à me conduire, mais sans vouloir reprendre sa démission. seulement comme mon amie, et non comme ma gouvernante, et jusqu'à ce que la personne qui devait la remplacer fût arrivée. Nous partîmes de France au mois de novembre 1792, après avoir passé deux jours à Paris. Arrivées à Tournai, madame de Genlis fit tous les préparatifs de son départ pour l'Angleterre. Un mois après notre arrivée à Tournai, elle y maria à lord Edward Fitz-Gérald, Paméla, une jeune personne qu'elle a élevée, et qui partit aussitôt pour l'Angleterre. Comme la personne que mon père avait promis d'envoyer n'était point arrivée, madame de Genlis ne partit point avec lady Edward Fitz-Gérald; mais elle écrivait sans cesse pour presser l'arrivée de cette personne. On lui répondait toujours qu'elle arriverait sous huit ou dix jours; mais elle ne vint point; la mort du roi arriva, la guerre se déclara. J'eus alors une très-sérieuse maladie, et, trois semaines après, une rechute. Madame de Genlis ne voulut jamais m'abandonner dans l'état où j'étais. Enfin la Belgique fut reprise; M. Dumouriez arriva à Tournai : nous ne le connaissions pas du tout; mais il fut touché de notre situation. Nous ne pouvions rester à Tournai, puisque les Autrichiens étaient au moment d'y entrer; nous ne pouvions rentrer en France, puisqu'un décret nous le défendait, sous peine de mort. M. Dumouriez nous offrit un asile dans son camp. Nous partîmes en même temps que son armée; on nous logea à Saint-Amand, dans la ville, et M. Dumouriez logea aux Eaux, à un quart de lieue. Le lendemain de notre arrivée, sa révolte éclata; alors madame de Genlis voulut partir sur-le-champ, et aller à Mons, comme une Anglaise, et traverser ensuite l'Allemagne, et se rendre en Suisse; mais, comme elle prévoyait beaucoup de dangers, elle déclara à mon frère aîné que, depuis trois mois, n'étant plus ma gouvernante, elle ne voulait pas se charger de moi; mon frère la pressa inutilement de m'emmener; elle le refusa absolument; mais, au moment où elle allait monter en voiture, mon frère me conduisit vers elle : j'étais dans un état affreux; elle ne put résister à mes larmes et aux prières de mon frère; elle me prit dans sa voiture, et nous partîmes sur-le-champ. Cela fut si peu prévu, qu'on n'avait mis aucun de mes paquets sur la voiture : je n'emportai que ce que j'avais sur moi; je laissai mes bijoux et tout ce qui m'appartenait, à la seule exception de ma montre, et tout a été perdu : tout le camp était révolté. Après de très-grands périls, nous arrivâmes, par des chemins détournés, aux premiers postes des Autrichiens; nous nous y donnâmes pour des Anglaises. M. le baron de Wounianski nous crut, nous donna des passeports et une escorte pour nous conduire à Mons. Je puis dire que madame de Genlis m'a sauvé la vie en consentant à m'emmener, car mon frère fut obligé de rester encore après nous trois ou quatre jours dans le camp, et ne put s'en sauver qu'à cheval et en combattant; et, le jour même de son départ, j'eus la rougeole, qui me retint dix jours à l'auberge, à Mons, où nous ne comptions pas séjourner. Les Autrichiens nous reconnurent, et me firent offrir un asile, que je n'acceptai pas, dans la crainte que mon séjour dans ce pays n'aggravât les dangers de mes parents. Quoique fort malade encore, je partis le dixième jour de ma rougeole, et j'arrivai en Suisse, où j'ai eu plusieurs maladies, suite de ma rougeole, et où j'ai fait toutes les démarches dont j'ai rendu compte à ma tante. Ce sera sans doute une bien grande peine pour moi de me séparer d'une personne que je n'ai jamais quittée depuis le berceau, qui m'a montré tout ce que je sais, qui m'a fait les plus grands sacrifices, et qui, surtout depuis dix-sept mois, m'a rendu en tout genre des soins et des services auxquels je dois l'existence ; mais, depuis trois ans, depuis l'époque où elle donna sa première démission, je l'ai toujours vue au moment de me quitter, et il y a bien long-temps que malheureusement je suis préparée à cette séparation. Elle a cultivé en moi les sentiments que je dois avoir, le respect et la tendresse pour les chers auteurs de mes jours, et l'attachement pour ma famille. C'est donc avec sincérité, et avec le désir d'obtenir cette grâce, que j'ose, ma chère tante, vous demander avec instance de recevoir votre malheureuse nièce. J'ai seize ans et demi : je suis depuis deux ans et demi hors de France ; je n'ai ni assez d'expérience ni assez de lumières pour avoir une opinion sur les affaires ; non seulement on ne m'en a jamais entretenue, mais depuis deux ans on ne m'a laissé lire aucuns papiers publics ; je sais seulement qu'ils sont remplis de tant de cruautés et d'impiétés, qu'il est impossible qu'une jeune personne puisse les lire *. Jamais rien de

---

* C'est le prétexte qu'avait allégué madame de Genlis pour empêcher mademoiselle d'Orléans de lire les journaux qui lui auraient infailliblement appris la mort de son père.

ce que j'ai entendu n'a altéré en moi les principes de religion et d'humanité qu'on m'a donnés dès l'enfance. Si ma tante daigne me recevoir auprès d'elle, et me donner l'asile le plus honorable et le plus cher que je puisse avoir maintenant, elle trouvera en moi toute la soumission, tout le respect et toute l'affection de la fille la plus tendre. Je suis sûre d'ailleurs qu'en me remettant dans ses mains, je remplirai le vœu de ma mère, et il vaut mieux, sans doute, pour la sûreté de ma mère, que ce soit depuis qu'elle n'est plus libre; car si, lorsqu'elle l'était, j'eusse été sur-le-champ avec ma tante, on aurait pu dire en France que j'agissais d'après ses ordres, et cette idée aurait pu faire supposer entre elle et moi une correspondance dont on lui aurait fait un crime; mais, malheureusement, cet inconvénient n'existe plus maintenant, puisqu'il y a plusieurs mois qu'elle n'est plus libre, et qu'il y a onze mois que je suis en Suisse. Je supplie ma chère tante de vouloir bien considérer que, si elle ne daigne pas me donner asile, et que madame de Genlis soit obligée de me quitter, je ne sais absolument ce que je deviendrai; il me serait impossible de rester sans elle dans le couvent où je suis. Outre que l'air de ce lieu n'est pas bon, ce couvent n'a pas de grand jardin, les logements y sont affreux, et je sens que j'y succomberais à mes peines, si j'y étais avec une personne étrangère. Mon frère aîné n'a que vingt ans; par son âge et sa situation, il ne peut me servir de guide ou de tuteur; et même, quand il pourrait, comme on le croit, venir dans quelques mois loger avec M. de Montesquiou, je ne pourrais loger avec lui dans cette maison, M. de Montesquiou ayant encore avec lui dans cette maison des jeunes gens qui ne sont pas mariés. D'ailleurs, j'avoue que le séjour de Bremgarten, où j'ai éprouvé tant

ce fut la duchesse qui reçut d'abord M. Thiers; mais, peu d'instants après, mademoiselle d'Orléans eut avec lui un de ces entretiens qui appartiennent tout entiers à l'histoire, entretien si remarquable, que je craindrais de l'affaiblir par une analyse trop rapide, mais que j'espère bientôt reproduire moins imparfaitement dans une publication plus étendue que cette notice. Il me suffira pour aujourd'hui d'en faire connaître le résultat. Pénétrée des dangers qui menaçaient la France, si son frère ne se hâtait pas de saisir, au péril de ses jours, un pouvoir que tant de partis se disputeraient le lendemain; non moins convaincue du désir inébranlable de tout sacrifier au salut de son pays, elle se chargea de faire valoir auprès de lui, pour combattre sa répugnance à monter sur le trône, les raisons que venait de lui exposer M. Thiers, avec une chaleur bien propre à forcer la conviction. En attendant, elle proposa, si l'on croyait utile que quelqu'un de la famille d'Orléans parût à Paris, de s'y rendre de sa personne, aussitôt que les députés lui en auraient témoigné le désir. L'événement ne tarda pas à prouver que mademoiselle d'Orléans n'avait pas trop présumé du dévoûment de son frère. Le soir même, le duc d'Orléans s'empressa de donner la parole qu'on attendait avec tant d'impatience, et le lendemain, en présence de Charles X, qui était encore aux portes de Paris avec sa garde, en présence de quatre-vingt-cinq départements, dont on ignorait encore les dispositions, en présence enfin d'une invasion étrangère, à laquelle nul ne pouvait alors songer sans effroi, il accepta la lieutenance générale du royaume.

J'ai eu occasion de dire dans le cours de cette notice, qu'aux vertus les plus solides et les plus austères, mademoiselle d'Orléans sait joindre toutes les grâces de l'esprit, et qu'elle possède avec une égale supériorité tous les arts d'agrément qui font le charme de la vie intérieure; aussi se fait-elle un plaisir de transmettre aux princesses ses nièces les excellentes leçons dont madame de Genlis nous apprend qu'elle a elle-même si bien profité. A ces leçons, elle en joint d'autres non moins précieuses, et que le cœur des jeunes princesses n'a pas de peine à retenir, celles d'une bienfaisance aussi constante qu'éclairée. Ayant reçu en legs, de la duchesse de Bourbon, l'hôtel de l'hospice d'Enghien, dans la rue de Varennes, elle a religieusement recueilli cet héritage, où son nom est béni chaque jour par les malheureux.

Il y a quelques semaines, mademoiselle d'Orléans a payé son tribut à l'épidémie régnante par une cholérine, qui n'a heureusement duré que quelques jours.